Cómo decir lo obvio sin ser grosero: el arte de la comunicación clara y objetiva

Copyright © 2024 Reginaldo Osnildo
Reservados todos los derechos.

PRESENTACIÓN

INTRODUCCIÓN A LA COMUNICACIÓN EFECTIVA

LA PERCEPCIÓN DE LO OBVIO

PRINCIPIOS DE COMUNICACIÓN NO AGRESIVA

LA IMPORTANCIA DE LA EMPATÍA

ELEGIR EL MOMENTO ADECUADO

LENGUAJE CORPORAL Y COMUNICACIÓN NO VERBAL

ESCUCHA ACTIVA

ENMARCADO POSITIVO

EVITANDO ERRORES DE COMUNICACIÓN

EL ARTE DE PREGUNTAR

ASERTIVIDAD VS AGRESIVIDAD

RETROALIMENTACIÓN CONSTRUCTIVA

ENTRENAMIENTO DE PACIENCIA Y CONTROL

TÉCNICAS DE MINDFULNESS EN LA COMUNICACIÓN

CASOS PRÁCTICOS: CÓMO DECIR LO OBVIO SIN SER BRUDO

CONSTRUYENDO PUENTES, NO MUROS

RESOLVIENDO CONFLICTOS CON ELEGANCIA

CULTIVAR LA HUMILDAD EN LA COMUNICACIÓN

DESARROLLAR HABILIDADES DE PERSUASIÓN SUAVE

COMUNICACIÓN Y ETIQUETA DIGITAL

SUPERAR LAS BARRERAS CULTURALES

AUTOCUIDADO Y AUTOCONOCIMIENTO

CREANDO UN ENTORNO DE APERTURA

RECIBIR E INTEGRAR COMENTARIOS

CONCLUSIÓN Y EL CAMINO A SEGUIR

REGINALDO OSNILDO

PRESENTACIÓN

Bienvenidos al comienzo de un viaje transformador con el libro **"Cómo decir lo obvio sin ser grosero: el arte de la comunicación clara y objetiva"**. Si alguna vez te has encontrado en una situación en la que expresar una idea simple parece más complicado de lo que debería ser, o si deseas mejorar tus habilidades comunicativas para fortalecer tus relaciones tanto a nivel personal como profesional, estás en el lugar correcto...

Este libro es una invitación a explorar el arte de comunicar pensamientos y hechos que pueden parecer obvios, pero que requieren sensibilidad y claridad para ser compartidos sin malentendidos ni ofensas. A través de las siguientes páginas, descubrirá métodos y técnicas que no sólo iluminarán su forma de expresarse, sino que también transformarán por completo sus interacciones con los demás.

"Cómo decir lo obvio sin ser grosero: el arte de la comunicación clara y objetiva" es más que un manual; Es un compañero en tu desarrollo personal. Aquí aporto una perspectiva actualizada sobre los conceptos clásicos de la comunicación, adaptándolos a las necesidades contemporáneas para facilitar su aplicación en la vida cotidiana. Cada capítulo de este libro ha sido cuidadosamente elaborado para completarse, ofreciéndole una experiencia de aprendizaje gradual y profunda.

Prepárese para sumergirse en un enfoque práctico que lo equipará con las herramientas que necesita para enfrentar los desafíos de la comunicación con confianza y gracia. Al dominar las estrategias presentadas, no sólo comprenderá cómo hablar con eficacia, sino también cómo hacerlo de manera que construya puentes, no muros.

A medida que pasa cada página, se le guiará a través de una exploración de técnicas que van desde la comunicación no agresiva hasta la escucha activa y el lenguaje corporal. Y al final de cada capítulo, una invitación especial al siguiente paso de su viaje garantizará que su experiencia de aprendizaje sea fluida y atractiva.

¿Listo para comenzar? El próximo capítulo, **"INTRODUCCIÓN A LA COMUNICACIÓN EFECTIVA"** , espera sentar las bases de todo lo que necesita saber sobre cómo expresar sus ideas y opiniones de forma clara y respetuosa. Descubramos juntos el poder de una comunicación verdaderamente efectiva. Ven, embárcate en este viaje de descubrimiento y transformación.

Tuyo sinceramente

Reginaldo Osnildo

INTRODUCCIÓN A LA COMUNICACIÓN EFECTIVA

Comunicarse eficazmente es una habilidad fundamental en todos los ámbitos de la vida: en el trabajo, en las relaciones personales e incluso en nuestro diálogo interno. Dominar este arte es fundamental para todo aquel que quiera ser comprendido y comprender a los demás sin malentendidos ni conflictos. En este capítulo, explorará la importancia de expresar sus ideas y opiniones de forma clara y respetuosa, sentando una base sólida para los conceptos más específicos que cubriremos en los siguientes capítulos.

EL VALOR DE UNA COMUNICACIÓN CLARA

La claridad en la comunicación va más allá del uso correcto de las palabras; se trata de transmitir su mensaje de tal manera que el interlocutor lo entienda sin esfuerzo. Esto implica tanto la elección de las palabras como el momento, el tono y el contexto en el que se dicen. La comunicación eficaz puede evitar una gran cantidad de malentendidos y errores que ocurren simplemente porque las partes involucradas no logran entenderse entre sí.

ELEMENTOS DE COMUNICACIÓN EFECTIVA

- **Claridad y concisión:** Sea directo y al grano, evitando utilizar jergas o exceso de palabras que puedan confundir al oyente.

- **Tono adecuado:** Ajusta tu tono de voz para que coincida con la situación, lo que podría significar ser más formal en un ambiente de trabajo o más relajado en casa.

- **Comentarios activos:** involucre al oyente solicitándole comentarios para confirmar que el mensaje fue recibido y comprendido según lo previsto.

- **Empatía:** Mostrar consideración y comprensión por las emociones y la situación del otro, lo que puede transformar completamente la recepción de tu mensaje.

- **Escucha activa:** Demuéstrale a tu interlocutor que valoras sus palabras escuchando activamente y respondiendo de manera que demuestres que entendiste lo dicho.

A lo largo de este libro, verá cómo se aplican estos elementos en diferentes situaciones para garantizar que incluso los puntos que puedan parecer obvios se comuniquen de manera eficaz y amable.

¿POR QUÉ ES TAN DIFÍCIL DECIR LO OBVIO?

A menudo, lo que parece obvio para usted puede no serlo para otra persona, debido a diferencias en antecedentes, experiencias o incluso estados emocionales. Por lo tanto, asumir que todos comparten tu punto de vista puede generar malentendidos y respuestas defensivas. En este libro, aprenderá a identificar cuándo y cómo expresar lo obvio, asegurándose de que su mensaje no sólo sea escuchado, sino aceptado y comprendido.

Este capítulo es sólo el comienzo. ¿Estás listo para avanzar en tu viaje hacia una comunicación efectiva? En el próximo capítulo, **"LA PERCEPCIÓN DE LO OBVIO"**, exploraremos cómo las diferentes experiencias y perspectivas influyen en lo que cada uno de nosotros considera obvio. Descubramos cómo ajustar nuestra comunicación para que resuene en cualquier audiencia, ampliando nuestra capacidad de ser comunicadores eficaces y respetuosos. ¡Te veré allá!

LA PERCEPCIÓN DE LO OBVIO

En este capítulo exploraremos un concepto crucial en la comunicación: la percepción de lo obvio. Lo que se considera evidente para una persona puede no serlo tan claro para otra, influenciado por una multitud de factores como la cultura, la experiencia de vida, el conocimiento previo y el contexto emocional. Comprender esta diversidad de percepciones es esencial para mejorar su capacidad de comunicar sus ideas con claridad y sin ofender.

ENTENDIENDO LA RELATIVIDAD DE LO OBVIO

Lo obvio es, en muchos casos, un concepto subjetivo. Por ejemplo, algo que es rutinario y evidente en un entorno tecnológico profesional puede resultar completamente extraño y complejo para alguien ajeno a esa industria. Esta diferencia de comprensión puede crear importantes barreras comunicativas si no se reconoce y gestiona con cuidado.

FACTORES QUE INFLUYEN EN LA PERCEPCIÓN DE LO OBVIO

- **Experiencia personal:** La acumulación de experiencias personales da forma a lo que consideramos obvio. Por ejemplo, para una persona que creció en una gran ciudad puede resultarle obvio cómo navegar en un complejo sistema de transporte público, mientras que para alguien de una zona rural esta tarea puede ser un desafío.

- **Contexto cultural:** Las diferencias culturales pueden influir profundamente en lo que se percibe como evidente. Los gestos, las expresiones faciales e incluso el uso de determinadas palabras pueden tener distintos significados en diferentes culturas.

- **Educación y conocimiento:** el nivel de educación y el área de conocimiento de una persona también definen mucho de lo que percibe como obvio. Los profesionales de diferentes campos tienen una jerga y bases de conocimientos que pueden resultar oscuras para el público en general.

- **Estado emocional:** El estado emocional en el momento de la comunicación puede afectar la forma en que se interpretan los mensajes. El estrés, la ansiedad o incluso la alegría excesiva pueden distorsionar la percepción de lo que se dice.

CÓMO NAVEGAR LAS DIFERENCIAS EN LA PERCEPCIÓN DE LO OBVIO

- **Aclare siempre:** nunca dé por sentado que su mensaje se entiende universalmente. Aclare los puntos que pueden parecer obvios para usted pero que pueden no serlo para los demás.

- **Adapta tu mensaje:** Conoce a tu audiencia y adapta tu mensaje según su nivel de comprensión y experiencia. Esto puede implicar simplificar el lenguaje, utilizar analogías o proporcionar más contexto.

- **Solicite comentarios:** fomente preguntas y comentarios para garantizar que se comprenda su mensaje. Esto también muestra respeto y aprecio por la perspectiva de la otra persona.

- **Ten paciencia:** Reconoce que explicar algo que para ti es obvio puede requerir paciencia. Mantenga una actitud de apertura y apoyo, en lugar de frustración o condescendencia.

Este capítulo reveló cómo lo obvio puede resultar sorprendentemente complejo. ¿Listo para seguir profundizando tus conocimientos sobre comunicación efectiva? En el próximo capítulo, **"PRINCIPIOS DE COMUNICACIÓN NO AGRESIVA"**, exploraremos cómo puedes expresar lo obvio de una manera constructiva y empática, evitando ser percibido como grosero o insensible. Únase a nosotros para descubrir estrategias para mantener sus interacciones tan claras como amigables. ¿Vamos?

PRINCIPIOS DE COMUNICACIÓN NO AGRESIVA

A la hora de desarrollar la capacidad de comunicar lo obvio sin ser grosero, uno de los aspectos más importantes es la comunicación no agresiva. Este capítulo explora los fundamentos de cómo expresar sus ideas y pensamientos de una manera constructiva y empática, asegurando preservar relaciones saludables y fomentar un entorno de comprensión mutua.

¿QUÉ ES LA COMUNICACIÓN NO AGRESIVA?

La comunicación no agresiva es un enfoque que se centra en la claridad, la empatía y el respeto en las interacciones. Tiene como objetivo expresar sus necesidades y sentimientos sin provocar defensa o agresión en la otra persona. Este método es especialmente útil cuando necesitas abordar temas delicados o cuando se trata de conversaciones que involucran emociones fuertes.

PILARES DE LA COMUNICACIÓN NO AGRESIVA

- **Observar sin evaluar:** Empiece por observar lo que sucede sin atribuir juicios ni interpretaciones personales. Esto ayuda a mantener la objetividad y la claridad en la comunicación.

- **Expresar sentimientos:** Comunica tus sentimientos con claridad. Utilice declaraciones que comiencen con "Siento" para expresar sus propias emociones sin implicar que la otra persona sea responsable de ellas.

- **Identificar necesidades:** Aclara cuáles son tus necesidades o qué esperas de la conversación. Al expresar claramente tus necesidades, le das a la otra persona la oportunidad de comprender tu punto de vista sin ambigüedades.

- **Haz solicitudes, no exigencias:** Al expresar lo que quieres, haz solicitudes claras y abiertas a la negociación, en lugar de exigencias. Esto le da a la otra persona espacio para responder sin sentirse presionada o coaccionada.

APLICAR LA COMUNICACIÓN NO AGRESIVA

- **Situaciones profesionales:** al tratar con compañeros de trabajo o en negociaciones, la comunicación no agresiva puede ayudar a mantener un ambiente profesional y respetuoso. Por ejemplo, en lugar de decir "Nunca prestas atención en las reuniones", prueba "Siento que mis ideas no se consideran durante las reuniones. ¿Podrías ayudarme a entender cómo puedo hacerme escuchar más?".

- **Relaciones personales:** En las relaciones más íntimas, este enfoque puede prevenir conflictos y fortalecer vínculos. Expresar necesidades y sentimientos de forma clara y directa puede evitar malentendidos y resentimientos.

- **Autocomunicación:** Incluso en la forma en que te hablas a ti mismo, la comunicación no agresiva puede resultar beneficiosa. En lugar de criticarte duramente, reconoce tus sentimientos y necesidades, trátate con compasión y comprensión.

Este capítulo proporciona la base para que usted exprese lo obvio de una manera beneficiosa y positiva, manteniendo siempre una actitud de respeto y consideración por los sentimientos y perspectivas de los demás. ¿Listo para seguir adelante? En el próximo capítulo, **"LA IMPORTANCIA DE LA EMPATÍA"** , exploraremos más profundamente cómo ponerse en el lugar de otra persona puede transformar la forma en que se comunica. Juntos aprenderemos cuán crucial es esta habilidad para una comunicación verdaderamente efectiva y amable. ¿Continuamos este viaje de descubrimiento?

LA IMPORTANCIA DE LA EMPATÍA

La empatía es la capacidad de comprender y compartir los sentimientos de otra persona. Es un elemento fundamental en la comunicación, ya que permite ver las situaciones desde otras perspectivas y responder de una manera más adecuada y sensible. En este capítulo, exploraremos cómo desarrollar y aplicar la empatía en sus interacciones diarias para mejorar la claridad de la comunicación y evitar malentendidos u ofensas.

EL PODER DE LA EMPATÍA EN LA COMUNICACIÓN

Empatizar con alguien significa más que simplemente comprender lo que siente la otra persona; también implica una respuesta emocional apropiada. Esto puede resultar especialmente útil al comunicar ideas que parecen obvias pero que pueden resultar delicadas o difíciles de aceptar para otra persona. La empatía ayuda a facilitar la transmisión de mensajes que de otro modo podrían encontrar resistencia u hostilidad.

CÓMO DESARROLLAR LA EMPATÍA

- **Escuchar activamente:** Dedícate a escuchar realmente lo que dice la otra persona, sin planificar tu respuesta mientras habla. Esto demuestra respeto e interés genuino.

- **Ponte en el lugar de la otra persona:** Intenta imaginarte en la situación de la otra persona, considerando sus experiencias de vida y emociones. Pregúntate cómo te sentirías en su posición.

- **Observar las emociones no verbales:** Gran parte de la comunicación es no verbal. Preste atención al lenguaje corporal, el tono de voz y las expresiones faciales para captar lo que quizás no se esté diciendo directamente.

- **Pregunta y aclara:** Si no estás seguro de cómo se siente la persona, pregúntale. Esto demuestra que te preocupas por la claridad de la comunicación y que estás dispuesto a comprender completamente su perspectiva.

APLICAR LA EMPATÍA EN LA PRÁCTICA

- **Conflictos:** Cuando surgen conflictos, la empatía puede ayudar a comprender las raíces emocionales del problema. Comunicarse con empatía puede aliviar las tensiones y allanar el camino para soluciones constructivas.

- **Clima laboral:** En el trabajo, la empatía ayuda a crear un ambiente más colaborativo y menos competitivo. Comprender las presiones y los desafíos que enfrentan los colegas puede mejorar significativamente la dinámica del equipo.

- **Relaciones personales:** En casa, practicar la empatía puede fortalecer los vínculos familiares y de amistad, permitiendo que todos se sientan escuchados y valorados.

Al desarrollar su capacidad de empatizar, no solo mejora sus habilidades comunicativas sino que también enriquece sus relaciones interpersonales. La empatía es una herramienta poderosa para garantizar que sus mensajes se transmitan de manera efectiva y respetuosa, promoviendo una comprensión más profunda y duradera.

¿Listo para llevar tus habilidades comunicativas a un nuevo nivel? En el próximo capítulo, **"ELEGIR EL MOMENTO ADECUADO "**, exploraremos estrategias para identificar el momento más apropiado para expresar sus ideas, asegurando que sus mensajes se reciban en el contexto más favorable posible. Síganos en este viaje de aprendizaje y descubra cómo el momento oportuno puede ser tan crucial como el mensaje mismo.

ELEGIR EL MOMENTO ADECUADO

La eficacia de la comunicación depende no sólo de lo que se dice, sino también de cuándo y cómo se expresan las palabras. Elegir el momento adecuado para plantear cuestiones delicadas o evidentes puede marcar una diferencia significativa en la forma en que se recibe su mensaje. En este capítulo, aprenderá estrategias para identificar el mejor momento para comunicar sus ideas, aumentando las posibilidades de un diálogo constructivo y receptivo.

LA IMPORTANCIA DEL TIEMPO EN LA COMUNICACIÓN

El tiempo puede amplificar o disminuir el impacto de sus palabras. Un mensaje entregado en el momento inadecuado puede generar malentendidos, resistencias o incluso conflictos, mientras que el mismo mensaje, si se comparte en el momento adecuado, puede recibirse con apertura y comprensión.

FACTORES A CONSIDERAR AL ELEGIR EL MOMENTO ADECUADO

- **Contexto ambiental:** El entorno en el que se transmite el mensaje puede afectar profundamente su recepción. Un lugar tranquilo y privado suele ser más propicio para debates serios que un entorno público o caótico.

- **Estado emocional:** Evaluar el estado emocional de la persona que recibe el mensaje es crucial. Sacar a relucir un tema delicado cuando alguien ya está estresado o distraído puede provocar una reacción negativa.

- **Disponibilidad:** asegúrese de que la persona tenga tiempo para escuchar realmente y participar en la conversación. Lo ideal es un momento en el que ninguno de los dos tenga prisa ni esté bajo presión de otras tareas.

- **Preparación:** Algunas conversaciones se benefician de una preparación previa. Si es necesario, hazles saber que te gustaría hablar de algo importante, dándole tiempo a la otra persona para prepararse mentalmente para la conversación.

ESTRATEGIAS PARA ELEGIR EL MOMENTO ADECUADO

- **Observar y aprender:** Presta atención a los patrones del día a día de la persona con la que necesitas hablar. Identifique los momentos en los que está más relajada y receptiva.

- **Pide permiso:** Antes de iniciar una conversación delicada, pregunta si es un buen momento. Esto no sólo garantiza que reciba la atención que necesita, sino que también muestra respeto por el tiempo de los demás.

- **Sea flexible:** esté dispuesto a ajustar sus planes en función de la respuesta de la otra persona. Si no es un buen momento, pregunte cuándo sería más conveniente retomar la discusión.

Al aplicar estas estrategias, puede aumentar significativamente la efectividad de su comunicación. Elegir el momento adecuado muestra consideración y respeto por las necesidades y circunstancias de cada uno, estableciendo un terreno fértil para un diálogo abierto y honesto.

¿Listo para seguir mejorando tus habilidades comunicativas? En el próximo capítulo, **"LENGUAJE CORPORAL Y COMUNICACIÓN NO VERBAL"**, exploraremos cómo los aspectos no verbales de la comunicación pueden ayudar o dificultar la transmisión de su mensaje. Únase a nosotros para comprender más sobre cómo su cuerpo habla tanto como sus palabras.

LENGUAJE CORPORAL Y COMUNICACIÓN NO VERBAL

Aunque las palabras son poderosas, gran parte de la comunicación se produce a través de medios no verbales. El lenguaje corporal, el contacto visual, la postura e incluso el tono de voz desempeñan papeles cruciales en la forma en que se reciben e interpretan sus mensajes. En este capítulo, exploraremos el papel de la comunicación no verbal a la hora de expresar mensajes de forma clara y no agresiva, ayudándole a comprender cómo sus gestos y expresiones pueden reforzar o contradecir sus palabras.

LA INFLUENCIA DEL LENGUAJE CORPORAL EN LA COMUNICACIÓN

El lenguaje corporal puede transmitir confianza, franqueza, actitud defensiva o desinterés, entre muchas otras cosas. Es una herramienta esencial para fortalecer un mensaje verbal, proporcionando un contexto que las palabras por sí solas tal vez no puedan comunicar completamente.

ELEMENTOS CLAVE DE LA COMUNICACIÓN NO VERBAL

- **Postura:** Una postura abierta, con los brazos no cruzados y una ligera inclinación hacia el interlocutor, puede indicar interés y receptividad. Por otro lado, una postura cerrada puede interpretarse como defensiva o desinteresada.

- **Contacto visual:** Mantener un contacto visual equilibrado es crucial. Mirar a alguien directamente a los ojos mientras habla demuestra confianza y sinceridad. Por otro lado, evitar el contacto visual puede percibirse como una falta de confianza o desinterés.

- **Expresiones faciales:** Tus expresiones deben estar acorde con tu mensaje. Una sonrisa puede suavizar una crítica, mientras que una cara seria puede reforzar la importancia de una advertencia o una orden.

- **Gestos:** Los gestos pueden ayudar a enfatizar puntos importantes o ilustrar un concepto. Sin embargo, gestos excesivos o inadecuados pueden distraer o incluso confundir al interlocutor.

- **Proximidad:** La distancia física entre tú y la persona con la que estás hablando también afecta la comunicación. Demasiado cerca puede resultar intimidante, mientras que demasiado lejos puede parecer distante y desconectado.

CÓMO MEJORAR TU COMUNICACIÓN NO VERBAL

- **Conciencia corporal:** Toma más conciencia de tu propio lenguaje corporal. Practica estar presente y ser consciente de lo que hace tu cuerpo mientras hablas.

- **Reflejo:** intenta reflejar sutilmente el lenguaje corporal de la persona con la que estás hablando. Esto puede crear una sensación de empatía y comprensión mutua.

- **Comentarios:** solicite comentarios sobre cómo se percibe su comunicación no verbal. Esto puede resultar especialmente útil para ajustar comportamientos que quizás no conozca.

- **Adaptación:** Adapta tu comunicación no verbal según el contexto y la persona con la que estás interactuando. Lo que funciona en un ambiente informal puede no ser apropiado en un contexto más formal.

Comprender y aplicar eficazmente el lenguaje corporal y otros aspectos de la comunicación no verbal puede transformar la forma en que interactúa con los demás, haciendo que sus interacciones sean más efectivas y armoniosas.

¿Estás listo para seguir profundizando tus habilidades comunicativas? En el próximo capítulo, **"ESCUCHA ACTIVA"**, exploraremos cómo desarrollar sus habilidades de escucha para comprender mejor las preocupaciones y puntos de vista de los demás antes de hablar. Síguenos para descubrir estrategias para escuchar de forma más eficaz y receptiva. ¡Vamos!

ESCUCHA ACTIVA

La escucha activa es una de las habilidades más importantes para una comunicación eficaz. No sólo le permite comprender verdaderamente lo que se dice, sino que también demuestra respeto y cuidado por el interlocutor. En este capítulo, exploraremos técnicas de escucha activa que le ayudarán a captar no sólo las palabras, sino también las emociones e intenciones detrás de ellas, mejorando significativamente sus interacciones personales y profesionales.

¿QUÉ ES LA ESCUCHA ACTIVA?

La escucha activa es un proceso activo de escuchar atentamente lo que otra persona dice, lo que implica comprender las palabras y responder que demuestre que está comprometido. Es más que una simple escucha pasiva; Se trata de comprender, retener y responder adecuadamente al mensaje de otra persona.

ELEMENTOS FUNDAMENTALES DE LA ESCUCHA ACTIVA

- **Atención plena:** Concéntrate completamente en el hablante, evitando distracciones como teléfonos móviles o pensamientos divagantes. Esto puede implicar contacto visual directo y una postura abierta y receptiva.

- **No interrumpir:** Permitir que el hablante termine sus ideas sin interrupciones. Esto muestra respeto por sus pensamientos y sentimientos y evita hacer suposiciones apresuradas.

- **Reflejar el contenido:** Parafrasear lo que dijo el hablante para confirmar que entendiste correctamente. Esto también ayuda al hablante a escuchar su propia idea y potencialmente refinar o ampliar su pensamiento.

- **Observar lo no verbal:** prestar atención al lenguaje corporal, el tono de voz y las expresiones faciales para captar el mensaje completo, incluidos los matices que las palabras por sí solas no pueden transmitir.

- **Responder con empatía:** Mostrar empatía y validar los sentimientos del hablante, incluso si no se está de acuerdo con ellos. Esto se puede hacer a través de comentarios que reconozcan sus emociones o expresen comprensión.

BENEFICIOS DE LA ESCUCHA ACTIVA

- **Mejora las relaciones:** Genera confianza y respeto, fundamentales para relaciones sanas y colaborativas.

- **Prevención de conflictos:** Reduce los malentendidos y promueve resoluciones de conflictos más efectivas.

- **Mayor comprensión:** Aumenta la eficacia de la comunicación al permitir una comprensión más profunda de las necesidades y preocupaciones de las personas.

PONERLO EN PRÁCTICA

- **Ejercicios de escucha:** Practica con amigos o compañeros de trabajo pidiéndoles que compartan algo y luego respondes resumiendo lo que entendiste.

- **Comentarios constantes:** solicite comentarios sobre cómo está escuchando para mejorar continuamente sus habilidades.

- **Entornos diversos:** Utilizar la escucha activa en diferentes contextos para entender cómo se puede adaptar según las necesidades de la situación y las personas involucradas.

Dominar la escucha activa es esencial para cualquiera que busque mejorar su comunicación. ¿Listo para seguir adelante? En el próximo capítulo, **"ENMARCADO POSITIVO"**, exploraremos técnicas para enmarcar su mensaje de manera positiva, incluso cuando aborde temas delicados u obvios. Esté preparado para aprender cómo sus palabras pueden fomentar una recepción más abierta y cooperativa. ¡Emprendamos este viaje juntos!

ENMARCADO POSITIVO

La forma en que enmarque su comunicación puede influir significativamente en cómo se recibe su mensaje. El "encuadre positivo" es una técnica poderosa que implica presentar información de una manera que resalte los aspectos positivos, incluso cuando el tema en discusión puede ser delicado o potencialmente negativo. En este capítulo, aprenderá cómo aplicar un marco positivo para transformar conversaciones desafiantes en interacciones constructivas y alentadoras.

¿QUÉ ES EL ENMARCADO POSITIVO?

El encuadre positivo se refiere a la práctica de reestructurar la forma en que se presenta una idea o un problema, centrándose en los aspectos positivos o las soluciones en lugar de las dificultades o los aspectos negativos. Este enfoque no sólo mejora la aceptación del mensaje, sino que también puede cambiar la percepción y la actitud del oyente hacia el contenido discutido.

CÓMO UTILIZAR EL ENMARCADO POSITIVO

- **Centrarse en las soluciones, no en los problemas:** En lugar de resaltar lo que está mal o lo que falta, céntrese en cómo se pueden mejorar las cosas y cuáles son los posibles pasos para lograr esa mejora.

- **Utilice un lenguaje alentador:** Las palabras tienen poder. Elija términos que sean positivos y alentadores. Por ejemplo, en lugar de decir "Esto no es bueno", podrías decir "Veamos cómo podemos mejorar esto juntos".

- **Resalte los beneficios:** cuando analice cambios o comentarios, enfatice los beneficios que acompañarán a los cambios sugeridos. Esto puede ayudar a crear una perspectiva más optimista y una mayor disposición a aceptar.

- **Evite el lenguaje negativo:** Palabras como "no", "nunca" y "nada" pueden provocar resistencia. Intente reformular estas expresiones de manera que evite la negatividad.

- **Sea empático:** reconozca las preocupaciones y sentimientos de los demás al presentar su mensaje. Esto demuestra que comprende y respeta sus perspectivas, lo que puede facilitar una recepción más positiva.

BENEFICIOS DEL ENMARCADO POSITIVO

- **Promueve un ambiente positivo:** Ayuda a crear y mantener un ambiente más positivo, tanto en casa como en el trabajo.

- **Fomenta la cooperación:** Es más probable que las personas colaboren y participen activamente cuando se sienten motivadas y positivas ante la situación.

- **Facilita la aceptación de los cambios:** Enmarcar los cambios de manera positiva puede aumentar la aceptación y reducir la resistencia.

- **Mejora la resolución de conflictos:** Abordar los conflictos con una perspectiva positiva puede conducir a soluciones más creativas y menos conflictivas.

Practique encuadres positivos en sus conversaciones diarias. Intente reformular una situación negativa que discutió recientemente y observe cómo cambiar la presentación podría alterar la reacción de las personas involucradas.

¿Listo para profundizar aún más tus habilidades de comunicación? En el próximo capítulo, **"EVITAR ERRORES DE COMUNICACIÓN"** , exploraremos cómo identificar y evitar patrones de lenguaje y comportamientos que puedan percibirse como groseros o irrespetuosos. Este conocimiento será crucial para mantener sus interacciones tan respetuosas como efectivas. Continúe con nosotros en este viaje para convertirse en un comunicador más hábil y consciente. ¡Vamos!

EVITANDO ERRORES DE COMUNICACIÓN

Comunicarse eficazmente requiere no sólo saber qué decir y cómo decirlo, sino también ser consciente de los obstáculos que pueden sabotear sus interacciones. Este capítulo abordará patrones de lenguaje comunes y comportamientos que pueden percibirse como groseros o irrespetuosos, además de ofrecer estrategias para evitarlos, asegurando que sus comunicaciones se reciban de la manera más positiva posible.

CONOCER LOS ERRORES COMUNES

- **Generalizaciones excesivas:** el uso de palabras como "siempre" o "nunca" en las discusiones puede provocar malentendidos y respuestas defensivas. Estas palabras sugieren un carácter absoluto que rara vez es exacto y puede cerrar la puerta al diálogo constructivo.

- **Tono de voz inadecuado:** Un tono de voz que suene acusatorio, sarcástico o condescendiente puede convertir una conversación neutral en un conflicto. La atención al tono es crucial, especialmente en comunicaciones sensibles.

- **Interrupciones frecuentes:** Interrumpir a los demás mientras hablan no sólo se considera una mala educación, sino también una señal de que no valoras lo que tienen que decir.

- **Falta de feedback positivo:** Comunicar implica dar y recibir. No reconocer las contribuciones de los demás puede hacer que se sientan despreciados y reacios a participar en interacciones futuras.

- **Suposiciones y presunciones:** Asumir que sabes lo que otra persona está pensando o sintiendo sin comprobarlo puede generar malentendidos y resentimiento.

ESTRATEGIAS PARA EVITAR ESTOS ERRORES

- **Utilizar un lenguaje específico:** evitar generalizaciones al hablar de comportamientos o situaciones. Sea específico sobre a qué se refiere, centrándose en casos concretos en lugar de comportamientos percibidos como universales.

- **Controla tu tono:** Practica hablar con calma y claridad. Grabar su propia voz puede ayudarle a ser más consciente de cómo les suena a los demás.

- **Practica la escucha activa:** Muestra respeto por los puntos de vista de los demás escuchando atentamente y esperando a que terminen de hablar antes de responder.

- **Incorporar comentarios positivos:** haga un esfuerzo consciente por reconocer y validar las contribuciones de los demás antes de ofrecer su propia perspectiva.

- **Verifique antes de asumir:** Cuando no esté seguro de los sentimientos o pensamientos de alguien, pregunte directamente en lugar de asumir. Esto muestra respeto por su experiencia y evita malentendidos.

Evitar estos errores no sólo mejora la calidad de sus interacciones, sino que también fortalece sus relaciones al demostrar que valora y respeta a los demás. Integrar estas prácticas en tu vida diaria requerirá atención y esfuerzo, pero los beneficios para tu comunicación serán inmensos.

¿Listo para seguir mejorando tus habilidades comunicativas? En el próximo capítulo, **"EL ARTE DE PREGUNTAR"** , exploraremos cómo utilizar las preguntas de manera efectiva para guiar conversaciones y aclarar puntos que pueden parecer obvios. Esta habilidad es esencial para cualquier comunicador eficaz y ayuda a garantizar que sus interacciones sean tan claras como constructivas. Continúe con nosotros en este camino de crecimiento y desarrollo. ¡Vamos!

EL ARTE DE PREGUNTAR

Hacer preguntas es una herramienta poderosa en la comunicación. No sólo ayudan a aclarar dudas y profundizar la comprensión, sino que también demuestran interés y compromiso. Este capítulo se centrará en cómo puede utilizar preguntas de manera efectiva para guiar conversaciones, aclarar puntos que pueden parecer obvios y mejorar significativamente la calidad de sus interacciones.

EL PODER DE LAS PREGUNTAS EN LA COMUNICACIÓN

Las preguntas son esenciales para abrir diálogos, explorar nuevas ideas y resolver conflictos. Fomentan la reflexión, estimulan el intercambio de ideas y pueden aliviar situaciones en las que la información directa podría ser mal recibida. Usar preguntas de manera efectiva puede transformar completamente la dinámica de una conversación.

TIPOS DE PREGUNTAS Y SUS USOS

- **Preguntas abiertas:** estas preguntas generalmente comienzan con "cómo", "por qué" o "qué" y están diseñadas para fomentar respuestas detalladas. Ejemplo: "¿Cómo crees que podemos mejorar este proceso?"

- **Preguntas cerradas:** Se utilizan para obtener información específica, estas preguntas se pueden responder con un simple "sí" o "no". Ejemplo: "¿Estás disponible para la reunión de mañana?"

- **Preguntas reflexivas:** Se utilizan para reflexionar sobre lo dicho, ayudando a la persona a explorar más profundamente sus pensamientos y sentimientos. Ejemplo: "Parece preocupado por esta decisión; ¿puede contarme más sobre sus inquietudes?"

- **Preguntas aclaratorias:** Ayudan a aclarar lo dicho, asegurando que todos los participantes en la conversación tengan la misma comprensión. Ejemplo: "Cuando dices 'rápido', ¿puedes especificar una fecha límite?"

ESTRATEGIAS PARA HACER PREGUNTAS EFICACES

- **Sea específico y directo:** Las preguntas vagas pueden dar lugar a respuestas igualmente imprecisas. Sea claro y específico en lo que pregunta.

- **Utilice preguntas para construir relaciones:** haga preguntas que demuestren que valora las opiniones y experiencias de los demás. Esto puede fortalecer las relaciones y aumentar la confianza.

Mantenga el equilibrio: si bien hacer preguntas es fundamental, es importante no convertir la conversación en un interrogatorio. Deja que la conversación fluya con naturalidad.

- **Ajusta el tono:** la forma en que haces una pregunta puede afectar la forma en que se recibe. Asegúrese de que su tono no se interprete como crítico o condescendiente.

Implemente lo que aprende haciendo preguntas conscientes en su vida diaria. Practique en diferentes contextos (con amigos, familiares o compañeros de trabajo) y observe cómo las preguntas pueden cambiar la naturaleza de una conversación.

¿Listo para seguir desarrollando tus habilidades comunicativas? En el próximo capítulo, **"ASERTIVIDAD VS AGRESIVIDAD"**, exploraremos la diferencia entre ser asertivo y ser agresivo. Aprender a navegar entre estos dos puede ayudarlo a expresar sus necesidades y opiniones de manera respetuosa y efectiva. Continúe con nosotros en este viaje para convertirse en un comunicador aún más competente y consciente. ¡Vamos!

ASERTIVIDAD VS AGRESIVIDAD

Comprender la diferencia entre ser asertivo y agresivo es crucial para una comunicación efectiva y respetuosa. La asertividad implica expresar tus ideas y necesidades de forma clara y directa, respetando los derechos y opiniones de los demás. La agresividad, por el contrario, ignora los sentimientos de los demás y puede provocar conflictos y malentendidos. En este capítulo, exploraremos cómo puedes cultivar la comunicación asertiva, evitando la agresión, para mejorar tus interacciones en todos los aspectos de la vida.

ENTENDIENDO LA ASERTIVIDAD Y LA AGRESIVIDAD

- **La asertividad** es la capacidad de expresar tus pensamientos y sentimientos de forma segura y positiva, sin ser pasivo ni agresivo. Se trata de ser honesto consigo mismo y con los demás, manteniendo siempre el respeto mutuo.

- **La agresividad**, por su parte, muchas veces implica imponer tus opiniones a los demás sin tener en cuenta sus perspectivas o sentimientos. Esto puede dar lugar a respuestas defensivas y dañar relaciones duraderas.

CARACTERÍSTICAS DE LA COMUNICACIÓN ASERTIVA

- **Respeto mutuo:** Reconoce la importancia de valorar tanto las opiniones propias como las de los demás.

- **Comunicación directa:** Expresa claramente tus necesidades y deseos de forma directa, pero respetuosa.

- **Equilibrio:** Mantiene un sano equilibrio entre expresar sus sentimientos y considerar los de los demás.

- **Apertura a la retroalimentación:** está abierto a recibir y discutir retroalimentación de manera constructiva.

CARACTERÍSTICAS DE LA COMUNICACIÓN AGRESIVA

- **Dominio:** Intenta controlar o dominar la conversación sin considerar la participación de otras personas.

- **Intimidación:** Utiliza un tono de voz o lenguaje elevado que puede hacer que otros se sientan presionados o amenazados.

- **Desprecio:** Ignora o devalúa los sentimientos y opiniones de los demás.

- **Excesiva actitud defensiva:** Responde a las confrontaciones o críticas con hostilidad o ira.

CONSEJOS PARA DESARROLLAR LA ASERTIVIDAD

- **Conocer tus derechos y necesidades:** Ser consciente de tus propias necesidades y derechos, así como de los derechos de los demás.

- **Practica el habla clara:** Utiliza frases claras que comiencen con "siento", "necesito" o "me gustaría", que expresen tus necesidades sin acusar ni culpar a los demás.

- **Mantén la calma y el control:** Incluso en situaciones tensas, esfuérzate por mantener la calma y hablar de forma controlada.

- **Utilice comentarios positivos:** incluya comentarios positivos en sus interacciones, lo que puede ayudar a suavizar el impacto de las críticas o solicitudes difíciles.

Empiece poco a poco, eligiendo situaciones cotidianas en las que pueda practicar la asertividad. Podría ser algo tan simple como expresar una preferencia por un tipo de comida o discutir un proyecto en el trabajo. A medida que se sienta más cómodo siendo asertivo en estas situaciones más pequeñas, le resultará más fácil aplicarlo en contextos más desafiantes.

¿Listo para mejorar aún más tus habilidades de comunicación? En el próximo capítulo, **"RETROALIMENTACIÓN CONSTRUCTIVA"**, exploraremos cómo dar y recibir comentarios de una manera que sea útil y acogedora en lugar de crítica y grosera. Continuar perfeccionando esta habilidad es esencial para cualquier comunicador eficaz. ¡Sigamos aprendiendo juntos!

RETROALIMENTACIÓN CONSTRUCTIVA

La retroalimentación es una herramienta esencial para el crecimiento personal y profesional. Sin embargo, la forma en que se da y recibe puede influir significativamente en su efectividad e impacto en las relaciones. Este capítulo explora técnicas para ofrecer y recibir retroalimentación de una manera constructiva y acogedora, transformando posibles momentos de crítica en oportunidades de desarrollo y aprendizaje.

ENTENDIENDO LA RETROALIMENTACIÓN CONSTRUCTIVA

La retroalimentación constructiva es retroalimentación que tiene como objetivo mejorar el desempeño o el comportamiento de alguien al ofrecer información útil de una manera respetuosa y alentadora. A diferencia de las críticas, que a menudo se centran en puntos negativos y pueden resultar desmotivadoras, la retroalimentación constructiva es equilibrada, objetiva y se centra en las soluciones.

ELEMENTOS DE RETROALIMENTACIÓN CONSTRUCTIVA

- **Específico:** Evitar generalizaciones. Concéntrese en ejemplos específicos para ilustrar dónde y cómo la persona puede mejorar.

- **Equilibrado:** Incluye puntos positivos junto con áreas de mejora para evitar que el destinatario se sienta infravalorado.

- **Oportuno:** ofrezca comentarios lo más cerca posible del evento en cuestión para que los detalles sigan siendo recientes y relevantes.

- **Respetuoso:** Mantener un tono de respeto y empatía. Recuerde, el objetivo es ayudar, no humillar.

CONSEJOS PARA BRINDAR RETROALIMENTACIÓN

- **Prepárate:** Antes de ofrecer feedback, piensa bien lo que vas a decir y cómo lo vas a decir. Esto puede incluir escribir puntos clave para garantizar la claridad y la brevedad.

- **Contextualizar:** explica por qué ofreces retroalimentación y cómo puede ayudar a la persona a alcanzar sus objetivos o mejorar su desempeño.

- **Céntrate en el comportamiento, no en la persona:** Dirige tus comentarios a acciones, no a características personales. Por ejemplo, diga "El informe contiene algunos errores que deben corregirse" en lugar de "No tiene cuidado".

- **Promover el diálogo:** Incentivar a la persona a expresar su visión y sentimientos sobre el feedback. Esto puede aumentar el entendimiento mutuo y facilitar la cooperación.

CONSEJOS PARA RECIBIR COMENTARIOS

- **Escuchar activamente:** Aunque te resulte difícil, intenta escuchar atentamente sin interrumpir ni ponerte a la defensiva.

- **Solicite ejemplos o aclaraciones:** si los comentarios no son claros, solicite ejemplos específicos o una explicación más detallada.

- **Reflexionar:** tómate un tiempo para pensar en los comentarios que recibiste. Evalúe honestamente los puntos planteados y considere cómo puede utilizarlos para crecer.

- **Agradecer:** Independientemente de si estás completamente de acuerdo con el comentario o no, agradece a la persona por molestarse en compartirlo.

Intenta aplicar estas técnicas en tu vida diaria, tanto en el trabajo como en situaciones personales. Practica tanto el arte de dar como el de recibir comentarios. A medida que se sienta más cómodo con estas prácticas, descubrirá que pueden generar mejoras significativas tanto en sus habilidades personales como en sus relaciones interpersonales.

¿Listo para seguir adelante? En el próximo capítulo, "

ENTRENAMIENTO DE PACIENCIA Y CONTROL" , exploraremos cómo desarrollar la paciencia y el control emocional para afrontar situaciones de comunicación desafiantes. Estas habilidades son cruciales para mantener una comunicación clara y respetuosa bajo presión. ¡Sigamos nuestro camino de aprendizaje y crecimiento!

ENTRENAMIENTO DE PACIENCIA Y CONTROL

La paciencia y el control emocional son esenciales para una comunicación eficaz, especialmente en situaciones difíciles. Tener la capacidad de mantener la calma y responder pensativamente puede prevenir malentendidos y reforzar relaciones positivas, tanto a nivel profesional como personal. Este capítulo ofrece orientación para desarrollar estas capacidades, lo que le permitirá gestionar mejor sus emociones y mejorar sus interacciones.

LA IMPORTANCIA DE LA PACIENCIA EN LA COMUNICACIÓN

La paciencia le permite escuchar mejor, procesar la información de manera más completa y responder de manera más apropiada. Esto no sólo mejora la calidad de sus respuestas, sino que también demuestra respeto y consideración por el tiempo y las palabras de los demás, creando un ambiente más cómodo y propicio para el diálogo.

ESTRATEGIAS PARA DESARROLLAR LA PACIENCIA

- **Reconocer desencadenantes:** Identifica qué situaciones, comportamientos o palabras tienden a disminuir tu paciencia. Conocer estos factores desencadenantes puede ayudarle a preparar respuestas más tranquilas y controladas.

- **Respira profundamente:** Técnicas de respiración sencillas pueden ayudar a calmar la mente y reducir la irritación. Practicar respiraciones lentas y profundas cuando te sientes impaciente puede brindarte un gran alivio.

- **Practica la escucha activa:** centrarse verdaderamente en lo que se dice, en lugar de preparar la respuesta mientras la otra persona sigue hablando, puede ayudar a desarrollar la paciencia y mostrar un interés genuino en el diálogo.

- **Establecer pausas intencionadas:** Antes de responder en una conversación, haz una pausa consciente. Esto le da tiempo para pensar en la mejor manera de responder y controlar los impulsos inmediatos.

LA IMPORTANCIA DEL CONTROL EMOCIONAL

Controlar tus emociones significa no permitir que tus respuestas se dejen guiar por impulsos o estados emocionales que puedan perjudicar la comunicación. Esto no implica reprimir las emociones, sino comprender y gestionar sus reacciones de manera productiva y respetuosa.

TÉCNICAS PARA MEJORAR EL CONTROL EMOCIONAL

- **Autoconocimiento:** Reflexiona periódicamente sobre tus emociones y reacciones. Trate de comprender por qué determinadas situaciones desencadenan en usted fuertes reacciones emocionales.

- **Desarrollar la resiliencia:** Fortalece tu capacidad para enfrentar desafíos emocionales practicando la resiliencia. Esto puede incluir técnicas de atención plena, meditación o terapia.

- **Comunicación asertiva:** Utilice la asertividad para expresar sus necesidades y emociones de forma clara y respetuosa, sin dejar que la emoción domine la razón.

- **Solicite comentarios:** obtener comentarios sobre cómo sus emociones afectan su comunicación puede ofrecerle una perspectiva valiosa y ayudarlo a ajustar su comportamiento.

Incorpora estas estrategias en tu rutina diaria y en todas tus interacciones. Con el tiempo, descubrirá que su capacidad para mantener la paciencia y controlar sus emociones se fortalecerá, lo que conducirá a una comunicación más eficaz y relaciones más armoniosas.

¿Listo para seguir mejorando tus habilidades comunicativas? En el próximo capítulo, **"TÉCNICAS DE MINDFULNESS EN LA COMUNICACIÓN"**, exploraremos cómo las técnicas de mindfulness pueden ayudarle a mejorar aún más la claridad y la amabilidad al hablar. Sigamos juntos este viaje de crecimiento personal y habilidades comunicativas. ¡Vamos!

TÉCNICAS DE MINDFULNESS EN LA COMUNICACIÓN

Mindfulness, o atención plena, es la práctica de estar completamente presente y consciente del momento actual, sin juzgar. Al aplicar técnicas de atención plena a la comunicación, puedes mejorar significativamente la claridad de tus mensajes y la forma en que respondes a los demás, lo que lleva a interacciones más auténticas y respetuosas. Este capítulo explora cómo incorporar la atención plena en sus prácticas comunicativas para mejorar tanto la comprensión como la expresión.

LA IMPORTANCIA DEL MINDFULNESS EN LA COMUNICACIÓN

Mindfulness te ayuda a concentrarte en la conversación, reduciendo las distracciones y mejorando tu capacidad para escuchar y responder de manera más efectiva. Además, permite reconocer emociones propias y ajenas sin reaccionar impulsivamente, facilitando respuestas más reflexivas y menos reactivas.

TÉCNICAS DE MINDFULNESS PARA UNA COMUNICACIÓN EFECTIVA

- **Presencia plena:** Haga un esfuerzo consciente por estar presente durante las conversaciones. Esto significa evitar distracciones, como revisar su teléfono o pensar en otras tareas mientras alguien habla.

- **Escucha consciente:** Escuchar con la intención de comprender, no sólo de responder. Esto implica prestar atención no sólo a las palabras, sino también al tono de voz y al lenguaje corporal, para captar el mensaje completo.

- **Respuesta reflexiva:** Antes de responder, haz una breve pausa para considerar lo que se dijo y cómo te sientes al respecto. Esta pausa puede ayudarle a formular una respuesta veraz y respetuosa.

- **Autoobservación:** Sea consciente de sus propias reacciones durante la conversación. Reconozca cualquier juicio o emoción que surja y trate de comprender cómo pueden estar influyendo en su percepción y respuesta.

- **Aceptación:** Aceptar las palabras y emociones de los demás sin intentar cambiarlas ni juzgarlas. Esto puede ayudar a crear un ambiente de confianza y apertura.

BENEFICIOS DEL MINDFULNESS EN LA COMUNICACIÓN

- **Escucha mejorada:** Te convierte en un oyente más atento y empático, lo cual es esencial para todas las relaciones.

- **Reducir el conflicto:** al responder con atención plena, es menos probable que reaccione exageradamente o se ponga a la defensiva, lo que puede reducir el conflicto.

- **Mayor empatía:** Permite una mayor conexión con los sentimientos y perspectivas de los demás, mejorando el entendimiento mutuo.

- **Comunicación más clara:** Te ayuda a expresar tus pensamientos de forma más clara y directa, reduciendo las posibilidades de malentendidos.

Incorpora pequeñas prácticas de mindfulness a tu rutina diaria, como respiraciones conscientes antes de iniciar una conversación o momentos de reflexión después de interacciones importantes. Con el tiempo, estas prácticas se convertirán en un hábito natural, mejorando no sólo tu comunicación sino también tu calidad de vida en general.

¿Listo para dar un paso más hacia adelante? En el próximo capítulo, **"CASOS PRÁCTICOS: CÓMO DECIR LO OBVIO SIN SER BRUDO"** , aplicaremos todas las habilidades que aprendiste a ejemplos del mundo real. Exploraremos situaciones laborales, familiares y de redes sociales específicas para que pueda ver cómo se aplican estas técnicas de manera efectiva. Quédese con nosotros para transformar la teoría en práctica y mejorar aún más sus habilidades comunicativas. ¡Vamos!

CASOS PRÁCTICOS: CÓMO DECIR LO OBVIO SIN SER BRUDO

Aplicar eficazmente las técnicas de comunicación que hemos comentado hasta ahora es crucial, especialmente cuando se trata de expresar conceptos o hechos que pueden parecer obvios. Este capítulo proporciona ejemplos prácticos de cómo expresar lo obvio sin ser grosero, utilizando escenarios comunes en el trabajo, la familia y las redes sociales. Cada situación es una oportunidad para practicar el arte de comunicar con claridad y respeto.

EN EL LUGAR DE TRABAJO

- **Situación:** Tu colega sigue enviando informes incompletos, algo que ya se ha comentado anteriormente.

- **Enfoque equivocado:** "Siempre entregas informes incompletos. No sé por qué tengo que recordártelo".

- **Enfoque correcto:** "Me di cuenta de que algunos puntos que discutimos anteriormente quedaron fuera del último informe. ¿Revisemos los criterios juntos para asegurarnos de que estamos en la misma página? Esto podría ayudar a mejorar nuestra entrega final".

EN LAS RELACIONES FAMILIARES

- **Situación:** Un familiar se olvida constantemente de realizar tareas importantes para la organización de la casa.

- **Enfoque equivocado:** "Nunca te acuerdas de hacer lo que te pedimos. No parece importarte el orden de la casa".

- **Enfoque correcto:** "Noté que algunas tareas estaban pendientes nuevamente. Entiendo que todos tenemos muchas cosas en la cabeza. ¿Qué tal si ponemos un recordatorio en nuestro celular o un tablero de tareas visible para todos? De esa manera, podemos ayudar recuerden unos a otros."

EN LAS REDES SOCIALES

- **Situación:** Alguien publica información incorrecta que

usted sabe que es un error común.

- **Enfoque incorrecto:** "Esto es completamente incorrecto. ¿Cómo puedes publicar algo como esto sin verificarlo?"

- **Enfoque correcto:** "¡Entiendo el punto que estabas planteando aquí y es un tema realmente relevante! Vi información adicional que podría complementar este tema y ofrecer otra perspectiva. ¿Puedo compartirla contigo?"

CONSEJOS GENERALES PARA HABLAR LO OBVIO

- **Sé empático:** intenta siempre entender por qué la otra persona no entiende lo que te parece obvio. Esto puede ayudar a formular un enfoque más integral.

- **Utilice preguntas:** hacer preguntas puede ayudar a la otra persona a llegar a una conclusión por sí misma, lo que puede generar menos confrontación que simplemente señalar el error.

- **Ofrecer ayuda:** En lugar de limitarse a señalar lo que está mal, ofrece soluciones o ayuda para mejorar la situación.

Mantenga el respeto: independientemente de lo obvio que pueda parecerle algo, mantener el respeto por la perspectiva de otra persona es crucial.

Al practicar estas técnicas en situaciones reales, no sólo evitarás ser grosero, sino que también tenderás puentes de comunicación efectiva y respetuosa. En el próximo capítulo, **"CONSTRUYENDO PUENTES, NO MUROS"**, exploraremos estrategias adicionales para utilizar la comunicación como herramienta para unir a las personas, incluso cuando hay desacuerdos. Quédese con nosotros en este viaje para hacer que cada interacción sea más significativa y respetuosa. ¡Vamos!

CONSTRUYENDO PUENTES, NO MUROS

La comunicación eficaz va más allá de la simple transmisión de información; tiene el poder de unir a las personas, transformando las diferencias en puntos de conexión y entendimiento mutuo. Este capítulo se centra en estrategias para utilizar la comunicación como herramienta para la unidad, incluso frente a desacuerdos y conflictos. Al adoptar estas técnicas, puede convertir posibles enfrentamientos en oportunidades de colaboración y crecimiento compartido.

LA IMPORTANCIA DE CONSTRUIR PUENTES

Construir puentes a través de la comunicación significa crear vínculos que promuevan el entendimiento y la cooperación en lugar de las divisiones. Esto es esencial en todos los aspectos de la vida, desde las interacciones personales hasta los debates globales, y requiere un enfoque consciente y deliberado para superar barreras y prejuicios.

ESTRATEGIAS PARA CONSTRUIR PUENTES

- **Centrarse en el diálogo abierto:** Fomentar la expresión de diferentes puntos de vista de manera respetuosa. Establezca un entorno donde las personas se sientan seguras para compartir sus opiniones sin temor a ser juzgadas.

- **Practica la empatía activa:** Intenta comprender verdaderamente la perspectiva de la otra persona, poniéndote en su lugar. Esto no significa necesariamente estar de acuerdo, sino comprender las razones detrás de sus creencias y comportamientos.

- **Uso de lenguaje inclusivo:** Evite palabras o frases que puedan resultar excluyentes o alienantes. Elija un lenguaje que incluya a todos los participantes en la conversación, reforzando la idea de un objetivo común.

- **Valorar las diferencias:** Reconocer y celebrar las diferencias entre las personas como fuente de fortaleza y enriquecimiento. Muestre cómo diversos puntos de vista pueden contribuir a soluciones más completas e innovadoras.

- **Negociación y compromiso:** Ante un conflicto, buscar soluciones que satisfagan los intereses de todas las partes involucradas. Esto puede implicar compromisos por ambas partes, pero el resultado suele ser más duradero y satisfactorio.

APLICAR ESTRATEGIAS EN LA PRÁCTICA

- **En el trabajo:** Utilice las reuniones para animar al equipo a discutir abiertamente los desafíos del proyecto, solicitando sugerencias y enfatizando la importancia de cada contribución al éxito del grupo.

- **En casa:** Cuando surjan desacuerdos familiares, céntrese en comprender las emociones y perspectivas involucradas. Utilice esto para guiar una conversación que busque soluciones aceptables para todos.

- **En la comunidad:** participar u organizar foros de discusión sobre temas locales, donde los residentes puedan expresar inquietudes y colaborar en planes de acción que beneficien a la comunidad en su conjunto.

Construir puentes a través de la comunicación puede conducir a una mayor armonía y colaboración. Además, al abordar los conflictos y las diferencias de forma constructiva, ayudas a crear un ambiente más inclusivo y acogedor, donde todos se sienten valorados y escuchados.

¿Listo para seguir adelante? En el próximo capítulo, **"RESOLVIENDO CONFLICTOS CON ELEGANCIA"** , profundizaremos en las técnicas de resolución de conflictos, explorando cómo se puede utilizar la comunicación para resolver disputas de manera respetuosa y efectiva. Quédate con nosotros para mejorar aún más tus habilidades comunicativas y convertir cada desafío en una oportunidad de crecimiento. ¡Vamos!

RESOLVIENDO CONFLICTOS CON ELEGANCIA

Los conflictos son una parte natural de las relaciones humanas, pero la forma en que se resuelven puede fortalecer o debilitar los vínculos. La capacidad de resolver conflictos con gracia no sólo alivia las tensiones sino que también fomenta un entorno de comprensión y cooperación mutuas. Este capítulo se centra en técnicas de comunicación efectivas que puede utilizar para resolver disputas de manera respetuosa y eficiente.

ENTENDIENDO LA NATURALEZA DE LOS CONFLICTOS

Los conflictos surgen cuando hay diferencias de opiniones, valores o intereses. Pueden verse exacerbados por malentendidos, comunicación ineficaz o escasez de recursos. Reconocer la raíz del conflicto es el primer paso para resolverlo eficazmente.

ESTRATEGIAS PARA LA RESOLUCIÓN DE CONFLICTOS

- **Escucha activa:** Escuche a todas las partes involucradas sin interrupción. A menudo, el simple hecho de sentirse escuchado puede aliviar la tensión y allanar el camino para encontrar soluciones.

- **Identificación de intereses comunes:** centrarse en intereses compartidos más que en posiciones defendidas. Esto puede ayudar a encontrar puntos en común donde se puedan construir soluciones mutuamente beneficiosas.

- **Expresión clara y asertiva:** Comunique sus pensamientos y sentimientos con claridad, utilizando "siento" o "entiendo", evitando acusaciones que puedan intensificar el conflicto.

- **Exploración de alternativas de solución:** Fomentar la generación de ideas donde todas las partes aporten posibles soluciones. Esto no sólo aumenta las posibilidades de encontrar una solución aceptable, sino que también promueve la colaboración.

- **Acuerdo formal:** Una vez acordada una solución, es útil formalizarla mediante un acuerdo escrito o compromisos claros. Esto asegura que todos estén alineados y comprometidos con la solución propuesta.

EJEMPLOS PRÁCTICOS DE RESOLUCIÓN DE CONFLICTOS

- **En el trabajo:** si dos miembros del equipo tienen ideas contradictorias sobre la dirección de un proyecto, organice una reunión donde cada uno pueda presentar sus visiones y utilizar un enfoque de lluvia de ideas para integrar elementos de ambas ideas en un plan cooperativo.

- **En casa:** si hay desacuerdo sobre las tareas del hogar, discuta las preferencias de cada persona y establezca un cronograma de tareas que considere la equidad y la eficiencia, permitiendo los ajustes necesarios.

- **En la comunidad:** En caso de disputas sobre cambios en el barrio, como la implementación de nuevas políticas locales, facilitar reuniones comunitarias que brinden espacio para que todos expresen sus inquietudes y sugerencias.

Resolver conflictos con gracia fortalece las relaciones, promueve el respeto mutuo y crea una cultura de diálogo abierto y resolución constructiva de problemas. Esto no sólo resuelve el conflicto inmediato, sino que también mejora la capacidad colectiva para abordar eficazmente futuras discrepancias.

¿Listo para avanzar en su viaje de mejorar sus habilidades de comunicación? En el próximo capítulo, **"CULTIVAR LA HUMILDAD EN LA COMUNICACIÓN"** , exploraremos la importancia de la humildad al expresar opiniones que te parecen obvias pero que pueden no ser tan claras para los demás. Quédese con nosotros y descubra cómo la humildad puede transformar la forma de interactuar e influir positivamente en sus comunicaciones. ¡Vamos!

CULTIVAR LA HUMILDAD EN LA COMUNICACIÓN

La humildad es una virtud poderosa en la comunicación, especialmente cuando se trata de expresar opiniones que pueden parecer obvias para ti pero no para los demás. Este capítulo explora cómo cultivar la humildad en sus interacciones, promoviendo un intercambio de ideas más respetuoso y efectivo y fortaleciendo las relaciones interpersonales mediante el reconocimiento y la valoración de las perspectivas de los demás.

LA IMPORTANCIA DE LA HUMILDAD EN LA COMUNICACIÓN

La humildad en la comunicación nos permite reconocer que nuestra propia visión del mundo es limitada y que otras personas pueden ofrecer ideas valiosas que se nos escapan. Adoptar una postura humilde ayuda a evitar conflictos innecesarios y facilita un diálogo más abierto y constructivo.

CARACTERÍSTICAS DE UN COMUNICADOR HUMILDE

- **Oyente atento:** Muestra interés genuino por las opiniones de los demás, valorando las aportaciones de todos a la conversación.

- **Abierto al aprendizaje:** Reconoce que siempre hay algo nuevo que aprender, independientemente de la experiencia o conocimientos previos.

- **Dispuesto a admitir errores:** Acepta y admite los errores sin dudarlo, viéndolos como oportunidades de crecimiento personal y profesional.

- **Evita presunciones:** Evita asumir que sabes lo que es mejor para los demás o que tu perspectiva es la única correcta.

PRÁCTICAS PARA DESARROLLAR LA HUMILDAD EN LA COMUNICACIÓN

- **Preguntar más, afirmar menos:** Fomente más diálogo y descubrimiento mutuo a través de preguntas que exploren las ideas y sentimientos de los demás, en lugar de simplemente presentar sus propias opiniones.

- **Valora todas las contribuciones:** Haz un esfuerzo consciente por reconocer y valorar las contribuciones de todos, incluso si no estás de acuerdo con ellas. Esto no sólo promueve la humildad, sino que también fomenta un entorno más colaborativo.

- **Reflexiona sobre tus conversaciones:** después de conversaciones importantes, tómate un momento para reflexionar sobre cómo interactuaste. Pregúntese si ha sido realmente abierto y respetuoso con las perspectivas de los demás.

- **Practica el autoconocimiento:** Mantente consciente de tus propias limitaciones y prejuicios. Reconocer tus propios defectos es un paso crucial para cultivar la humildad.

BENEFICIOS DE LA HUMILDAD EN LA COMUNICACIÓN

- **Mejora las relaciones:** La humildad facilita relaciones más fuertes y respetuosas, ya que las personas se sienten valoradas y comprendidas.

- **Fomenta el respeto mutuo:** Cuando las personas perciben tu apertura y respeto por tus ideas, es más probable que correspondan.

- **Fomenta entornos colaborativos:** un enfoque humilde de la comunicación fomenta un entorno donde la colaboración y la innovación pueden prosperar.

- **Reduce los conflictos:** Al admitir que no tienes todas las respuestas, minimizas las posibilidades de que surjan conflictos basados en malentendidos u opiniones rígidas.

¿Listo para llevar tus habilidades de comunicación aún más lejos? En el próximo capítulo, **"DESARROLLAR HABILIDADES DE PERSUASIÓN SUAVE"**, exploraremos cómo puede influir positivamente en los demás mientras mantiene un estilo de comunicación respetuoso y eficaz. Continúa conmigo en este viaje de enriquecimiento personal y profesional. ¡Vamos!

DESARROLLAR HABILIDADES DE PERSUASIÓN SUAVE

La persuasión es un arte esencial en la comunicación, que se utiliza para influir y convencer a los demás de una manera amable y respetuosa. Este capítulo está dedicado a enseñarle cómo puede desarrollar habilidades de persuasión amable, lo que le permitirá presentar sus ideas y convencer a los demás sin imposiciones ni agresividad.

LA NATURALEZA DE LA PERSUASIÓN SUAVE

La persuasión suave difiere significativamente de los enfoques de influencia más agresivos o manipuladores. Se basa en el respeto mutuo, el diálogo abierto y la comprensión de las necesidades y deseos de los demás, buscando alcanzar un consenso que beneficie a todas las partes involucradas.

ESTRATEGIAS PARA UNA PERSUASIÓN EFICAZ Y RESPETUOSA

- **Conoce a tu audiencia:** Entender quiénes son tus interlocutores y qué valoran es fundamental para adaptar tu mensaje de manera efectiva.

- **Generar credibilidad:** Muéstrate digno de confianza y bien informado. La credibilidad es esencial para persuadir, ya que las personas tienden a confiar y seguir a quienes demuestran conocimiento e integridad.

- **Utilizar la lógica y la emoción:** equilibrar argumentos lógicos con apelaciones emocionales. Las personas están influenciadas tanto por datos y hechos como por historias y ejemplos que resuenan a nivel emocional.

- **Ser empático:** demostrar empatía y comprensión por las perspectivas e inquietudes de los demás. Esto puede ayudar a romper la resistencia y construir un puente de comprensión.

- **Practica la escucha activa:** Escuchar atentamente no sólo fortalece tus argumentos al responder directamente a las preocupaciones de los demás, sino que también demuestra respeto y aprecio por las opiniones de los demás.

EJEMPLOS PRÁCTICOS DE PERSUASIÓN SUAVE

- **En el lugar de trabajo:** Al proponer una nueva iniciativa, presente no solo los beneficios para la empresa, sino también cómo puede satisfacer las necesidades individuales de los compañeros o mejorar el ambiente de trabajo.

- **En casa:** cuando hable sobre cambios en la rutina de su hogar, enfatice cómo estos cambios pueden proporcionar más tiempo para actividades familiares o para que cada miembro se dedique a sus intereses personales.

- **En la comunidad:** al persuadir a los vecinos para que participen en un proyecto comunitario, resalte los beneficios colectivos e individuales, como una mayor seguridad o infraestructura local.

BENEFICIOS DE LA PERSUASIÓN SUAVE

- **Relaciones fortalecidas:** Persuadir de manera gentil y respetuosa fortalece las relaciones, ya que crea un ambiente de cooperación y respeto mutuo.

- **Menos resistencia:** Las personas están menos a la defensiva y más abiertas al cambio cuando se sienten respetadas y comprendidas.

- **Mayor influencia:** Al desarrollar una reputación de comunicador cuidadoso y considerado, tu capacidad de influencia dentro de tu círculo social o profesional crece significativamente.

¿Listo para el siguiente paso? En el próximo capítulo, **"COMUNICACIÓN Y ETIQUETA DIGITAL"**, exploraremos cómo aplicar sus habilidades de comunicación en la era digital manteniendo la cortesía y la eficacia en las plataformas en línea. Continúe este viaje de mejora para convertirse en un comunicador aún más competente e influyente. ¡Vamos!

COMUNICACIÓN Y ETIQUETA DIGITAL

La comunicación digital se ha convertido en una parte fundamental de nuestras vidas, especialmente en el mundo interconectado actual. En este capítulo, exploraremos cómo puede aplicar sus habilidades de comunicación de manera efectiva en plataformas digitales manteniendo la cortesía y la claridad para garantizar que sus interacciones en línea sean tan respetuosas y productivas como las interacciones en persona.

ENTENDIENDO LA COMUNICACIÓN DIGITAL

La comunicación digital incluye correos electrónicos, mensajes de texto, publicaciones en redes sociales e interacciones en plataformas de videoconferencia. Cada uno de estos canales tiene sus propias normas y expectativas, que pueden variar significativamente según el contexto (profesional o personal) y la audiencia.

PRINCIPIOS BÁSICOS DE LA ETIQUETA DIGITAL

- **Claridad y concisión:** Los mensajes digitales deben ser claros y directos. En entornos profesionales, evite el lenguaje y la jerga demasiado informales que puedan malinterpretarse.

- **Respetar horarios:** Estar atento a los horarios a la hora de enviar mensajes. Evite enviar comunicaciones profesionales fuera del horario comercial habitual, a menos que se trate de una emergencia.

- **Uso de emojis y símbolos:** En contextos informales, los emojis pueden ayudar a transmitir el tono del mensaje, pero en entornos profesionales su uso debe ser limitado y considerado.

- **Revisa antes de enviar:** Vuelve a leer siempre tus mensajes antes de enviarlos para corregir errores tipográficos, gramaticales o de tono.

- **Respuesta oportuna:** Responder con prontitud a los

mensajes muestra respeto y consideración por el tiempo del remitente. Establecer y mantener expectativas de tiempo de respuesta razonables.

ETIQUETA EN CORREOS ELECTRÓNICOS PROFESIONALES

- **Asunto claro:** el campo de asunto del correo electrónico debe ser informativo y específico para ayudar al destinatario a comprender la importancia y el contexto del correo electrónico.

- **Saludo adecuado:** comience con un saludo formal, a menos que tenga una relación previa más informal con el destinatario.

- **Cierre adecuado:** finaliza tus correos electrónicos con una despedida profesional, como "Atentamente" o "Saludos cordiales", seguido de tu nombre.

ETIQUETA EN LAS REDES SOCIALES

- **Piensa antes de publicar:** Reflexiona sobre el contenido de tus publicaciones y el impacto que pueden tener. Evite publicar algo por impulso emocional.

- **Privacidad y seguridad:** considere la configuración de privacidad y quién puede ver sus publicaciones. Respete la privacidad de los demás evitando compartir información sin permiso.

- **Interactuar con respeto:** Trata a los demás con el mismo respeto que te gustaría recibir. Los comentarios irrespetuosos o incendiarios rara vez son productivos.

BENEFICIOS DE UNA BUENA ETIQUETA DIGITAL

- **Mejora la comprensión:** una comunicación clara y bien estructurada reduce los malentendidos.

- **Fortalece las relaciones:** Mantener una etiqueta adecuada fortalece las relaciones profesionales y personales.

- **Promueve una imagen positiva:** Una buena etiqueta digital se refleja positivamente en tu imagen personal y profesional.

¿Listo para explorar más sobre la comunicación efectiva? En el próximo capítulo, **"SUPERAR LAS BARRERAS CULTURALES"** , discutiremos cómo las diferencias culturales pueden afectar la percepción de lo que es obvio y cómo navegar estas situaciones. Únase a nosotros para profundizar su comprensión y habilidades en un contexto global. ¡Vamos!

SUPERAR LAS BARRERAS CULTURALES

Navegar por la comunicación entre diferentes culturas puede ser un desafío, pero es esencial para construir relaciones efectivas y respetuosas en un mundo globalizado. Este capítulo explora cómo las diferencias culturales pueden influir en la percepción de lo que es obvio y ofrece estrategias para superar estas barreras, garantizando una comunicación más eficiente e inclusiva.

ENTENDIENDO LAS BARRERAS CULTURALES

Las barreras culturales en la comunicación surgen de diferencias en valores, normas y expectativas sociales entre diferentes culturas. Estas diferencias pueden afectar el lenguaje, la expresión no verbal, los conceptos de tiempo y espacio e incluso la forma en que se procesa y comprende la información.

IDENTIFICAR LAS DIFERENCIAS CULTURALES COMUNES

- **Comunicación directa versus comunicación directa Indirecta:** algunas culturas valoran la comunicación directa y clara, mientras que otras prefieren enfoques más sutiles e indirectos para evitar la confrontación.

- **Individualismo versus colectivismo:** las culturas individualistas tienden a enfatizar la autonomía personal y la responsabilidad individual, mientras que las culturas colectivistas se centran en el bienestar del grupo y las responsabilidades comunitarias.

- **Contexto alto versus contexto bajo:** en culturas de contexto alto, gran parte de la comunicación es implícita y dependiente del contexto, mientras que en culturas de contexto bajo, la comunicación es explícita y las palabras expresan directamente el significado.

- **Relaciones de poder:** las percepciones de jerarquía pueden variar significativamente entre culturas, lo que influye en cómo se estructura la comunicación y quién tiene autoridad para hablar en diferentes situaciones.

ESTRATEGIAS PARA SUPERAR LAS BARRERAS CULTURALES

- **Educación y conocimiento:** aprenda sobre las culturas con las que interactúa regularmente. Comprender costumbres, tradiciones y valores puede ayudarte a evitar malentendidos y adaptar tu comunicación.

- **Flexibilidad y adaptación:** Esté preparado para ajustar su estilo de comunicación según sea necesario. Esto puede significar ser más directo o más sutil, dependiendo del contexto cultural.

- **Uso de un lenguaje neutro:** Evite jergas, expresiones idiomáticas y referencias culturales que puedan no ser entendidas por personas de otras culturas.

- **Comentarios claros:** fomente y practique la obtención de comentarios para garantizar que su mensaje se entienda según lo previsto. Esto es especialmente importante en las interacciones interculturales, donde las posibilidades de malentendidos son mayores.

- **Respeto y sensibilidad:** Mostrar respeto por las diferencias culturales y estar abierto a aprender de los demás. Abordar las interacciones culturales con sensibilidad y apertura puede transformar los desafíos en oportunidades de enriquecimiento mutuo.

BENEFICIOS DE SUPERAR LAS BARRERAS CULTURALES

- **Relaciones más sólidas:** la comunicación eficaz entre culturas fortalece las asociaciones y relaciones personales y profesionales.

- **Entornos más inclusivos:** cuando se superan las barreras culturales, se crea un entorno más acogedor e inclusivo para todos los involucrados.

- **Oportunidades de crecimiento personal y profesional:**

la capacidad de comunicarse eficazmente entre culturas es una habilidad cada vez más valorada en muchos campos profesionales.

¿Listo para seguir adelante? En el próximo capítulo, "**AUTOCUIDADO Y AUTOCONOCIMIENTO**" , analizaremos cómo mantener su salud mental y emocional para garantizar una comunicación positiva. Continúa con nosotros en este viaje de mejora continua de tus habilidades de comunicación intercultural. ¡Vamos!

AUTOCUIDADO Y AUTOCONOCIMIENTO

Mantener una buena salud mental y emocional es esencial para comunicarse de forma eficaz. Este capítulo analiza la importancia del autocuidado y la autoconciencia en la comunicación, brindando estrategias para garantizar que usted esté siempre en su mejor momento, tanto para usted como para los demás con quienes interactúa.

LA IMPORTANCIA DEL AUTOCUIDADO EN LA COMUNICACIÓN

El estado emocional y mental con el que iniciamos una conversación puede afectar profundamente su curso y resultado. El estrés, la fatiga y los problemas emocionales pueden afectar nuestra capacidad de escuchar activamente, pensar con claridad y responder con empatía. Por tanto, el autocuidado no sólo es beneficioso para nosotros mismos, sino también esencial para mantener interacciones saludables y productivas.

ESTRATEGIAS DE AUTOCUIDADO PARA COMUNICADORES

- **Manejo del estrés:** Las prácticas regulares de manejo del estrés, como la meditación, el yoga, el ejercicio físico o pasatiempos relajantes, pueden ayudar a mantener la calma y la claridad mental.

- **Sueño adecuado:** Dormir bien por la noche es crucial para el funcionamiento cognitivo y emocional. Priorice el descanso adecuado para permanecer alerta y atento durante las interacciones.

- **Alimentación saludable:** Una dieta equilibrada contribuye al bienestar general, que está directamente relacionado con la capacidad de gestionar las emociones y el estrés.

- **Límites saludables:** aprender a establecer y mantener límites saludables es esencial para evitar el agotamiento. Esto incluye saber decir "no" y reconocer cuándo necesita un descanso.

- **Tiempo para reflexionar:** tómate un tiempo regularmente para reflexionar sobre tus interacciones y sentimientos. Esto puede ayudarle a identificar patrones de comunicación que desea mejorar o cambiar.

LA IMPORTANCIA DEL AUTOCONOCIMIENTO EN LA COMUNICACIÓN

Ser consciente de uno mismo significa tener una comprensión clara de las propias emociones, motivaciones, comportamientos y el efecto que tienen en los demás. En la comunicación, la autoconciencia le permite ajustar su enfoque según sea necesario, mejorar la empatía y responder de manera más apropiada a las necesidades de la situación.

DESARROLLAR LA AUTOCONCIENCIA

- **Comentarios periódicos:** solicite comentarios de personas de confianza sobre cómo se percibe su comunicación. Esto puede proporcionar información valiosa que quizás no pueda identificar por sí solo.

- **Diario de emociones y comunicación:** Mantener un registro de tus emociones diarias y cómo afectan tu comunicación puede ayudarte a identificar tendencias y desencadenantes.

- **Atención plena y meditación:** las prácticas de atención plena y meditación pueden aumentar significativamente su conciencia y control sobre sus respuestas emocionales y conductuales.

- **Formación y talleres:** Asistir a formaciones y talleres sobre comunicación y desarrollo personal puede ofrecer herramientas y técnicas para aumentar el autoconocimiento.

BENEFICIOS DE MANTENER EL AUTOCUIDADO Y LA AUTOCONCIENCIA

- **Mejor calidad de la comunicación:** Cuidándote y

entendiendo tus propias motivaciones, mejoras tu capacidad para comunicarte de forma clara y eficaz.

- Relaciones más sólidas: una mejor comunicación conduce a relaciones más sanas y satisfactorias.

- Mayor resiliencia: Fortalecer tu bienestar emocional y mental te prepara para afrontar mejor los desafíos comunicativos.

¿Listo para avanzar más en su viaje de desarrollo personal y habilidades de comunicación? En el próximo capítulo, **"CREANDO UN ENTORNO DE APERTURA"** , exploraremos cómo fomentar un ambiente donde todos se sientan cómodos expresando pensamientos e ideas. Quédate con nosotros para aprender cómo crear espacios de diálogo abierto e inclusivo. ¡Vamos!

CREANDO UN ENTORNO DE APERTURA

Crear un ambiente donde todos se sientan cómodos expresando sus ideas y opiniones es esencial para una comunicación efectiva y el desarrollo de relaciones sanas y productivas, tanto a nivel personal como profesional. Este capítulo ofrece estrategias para cultivar un espacio para el diálogo abierto e inclusivo, fomentando la participación activa y el intercambio respetuoso de perspectivas.

LA IMPORTANCIA DE UN ENTORNO ABIERTO

Un entorno de comunicación abierto promueve la confianza y el respeto mutuos, elementos cruciales para el éxito de cualquier equipo o relación personal. Cuando las personas se sienten seguras al expresar sus ideas e inquietudes, hay mayores posibilidades de innovación, resolución eficaz de problemas y satisfacción interpersonal.

ESTRATEGIAS PARA FOMENTAR LA APERTURA

- **Establecer normas de comunicación:** Defina y comunique claramente las expectativas y normas de comunicación dentro de su grupo o equipo. Esto incluye el respeto por todas las opiniones, la escucha activa y la promoción del diálogo constructivo.

- **Promover la inclusión activa:** hacer un esfuerzo consciente para incluir todas las voces en los debates, especialmente aquellas que tienden a ser menos escuchadas. Fomente la participación a través de preguntas directas y ofrezca igual tiempo para hablar.

- **Crear espacio para la vulnerabilidad:** Fomentar un entorno donde compartir incertidumbres, fracasos y miedos sea seguro y visto como una parte importante del crecimiento personal y profesional.

- **Formación en sensibilización y diversidad:** Implementar formaciones periódicas sobre diversidad, inclusión y comunicación intercultural para concienciar a los miembros del equipo sobre la importancia de un ambiente acogedor.

- **Retroalimentación continua y abierta:** Cultivar una cultura de retroalimentación abierta donde las sugerencias e inquietudes puedan expresarse libremente y sin temor a represalias.

EJEMPLOS PRÁCTICOS

- **En el trabajo:** durante las reuniones, reserve un momento para un "check-in" donde cada miembro del equipo pueda expresar cómo se siente o compartir algo personal, ayudando a crear conexiones humanas y apertura.

- **En casa:** Establecer "reuniones familiares" periódicas donde todos puedan comentar sus días, inquietudes y logros, procurando que cada miembro de la familia tenga voz.

- **En la comunidad:** Organizar foros comunitarios sobre temas relevantes, donde los residentes puedan expresar sus opiniones e ideas para mejorar el lugar donde viven.

BENEFICIOS DE UN ENTORNO ABIERTO

- **Colaboración y creatividad mejoradas:** un entorno abierto fomenta la colaboración y la creatividad, ya que las personas se sienten libres de explorar nuevas ideas.

- **Mayor satisfacción y compromiso:** cuando las personas sienten que sus voces son escuchadas y valoradas, hay un aumento natural en la satisfacción y el compromiso.

- **Resolución de conflictos más efectiva:** un espacio de diálogo abierto facilita la resolución de conflictos ya que los problemas se discuten abiertamente antes de que se agraven.

¿Listo para seguir desarrollando un ambiente comunicativo efectivo? En el próximo capítulo, **"RECIBIR E INTEGRAR COMENTARIOS"**, exploraremos cómo aceptar y utilizar comentarios para mejorar continuamente sus interacciones. Síganos para obtener más información sobre cómo convertir los comentarios en acciones constructivas. ¡Vamos!

RECIBIR E INTEGRAR COMENTARIOS

La retroalimentación es una herramienta vital para el crecimiento personal y profesional, ya que proporciona información valiosa sobre cómo los demás perciben sus acciones y comunicaciones. Este capítulo explora cómo puede recibir e integrar comentarios de manera efectiva, convirtiéndolos en acciones constructivas para mejorar sus habilidades de comunicación e interacción.

LA IMPORTANCIA DE RECIBIR COMENTARIOS

Aceptar comentarios (especialmente cuando son críticos) puede ser un desafío, pero es esencial para el desarrollo continuo. Ofrece una perspectiva externa que puede resaltar puntos ciegos en nuestro comportamiento y comunicación, permitiendo ajustes que mejoren nuestras relaciones y efectividad.

ESTRATEGIAS PARA RECIBIR RETROALIMENTACIÓN DE FORMA CONSTRUCTIVA

- **Mantenga la mente abierta:** aborde la retroalimentación con una actitud de aprendizaje, no de defensa. Véalo como una oportunidad para crecer, no como una crítica personal.

- **Escuchar activamente:** Escuchar sin interrumpir. Incluso si no está de acuerdo con algunos puntos, permita que la persona que brinda la retroalimentación exprese plenamente sus observaciones.

- **Pide aclaraciones:** Si algo no queda claro, pide ejemplos concretos o más detalles. Esto puede ayudarle a comprender mejor los comentarios e identificar áreas específicas de mejora.

- **Agradécele por los comentarios:** independientemente de si estás de acuerdo con los comentarios o no, agradece a la persona por compartirlos. Reconocer el esfuerzo de alguien por ayudarlo es esencial para mantener relaciones positivas.

- **Crea un plan de acción:** Después de recibir el feedback, reflexiona sobre cómo puedes aplicarlo en la práctica. Establezca objetivos específicos y mensurables para implementar los cambios sugeridos.

INTEGRANDO LA RETROALIMENTACIÓN EN SU DESARROLLO

- **Establezca objetivos de mejora:** basándose en los comentarios que reciba, establezca objetivos claros y alcanzables para mejorar sus habilidades o comportamientos específicos.

- **Busque recursos adicionales:** si los comentarios indican áreas que requieren mejoras significativas, considere buscar cursos, libros o incluso un mentor que lo ayude a desarrollar estas habilidades.

- **Supervise su progreso:** establezca puntos de control periódicos para evaluar su progreso con respecto a los objetivos establecidos. Ajuste sus estrategias según sea necesario.

- **Solicitar comentarios continuos:** el desarrollo es un proceso continuo. Siga solicitando comentarios con regularidad para asegurarse de que está en el camino correcto y ajustar su plan de acción a medida que evoluciona.

BENEFICIOS DE INTEGRAR LA RETROALIMENTACIÓN

- **Mejora continua:** integrar la retroalimentación de manera efectiva garantiza que siempre estés aprendiendo y mejorando.

- **Relaciones reforzadas:** al demostrar que valora y actúa en función de la retroalimentación, fortalece la confianza y el respeto en sus relaciones.

- **Mejora del rendimiento:** Al ajustar tu comportamiento y tus técnicas de comunicación, mejoras tu rendimiento general, tanto a nivel personal como profesional.

¿Listo para el siguiente paso? En el próximo capítulo,

"CONCLUSIÓN Y EL CAMINO A SEGUIR" , resumiremos los puntos clave tratados en este libro y discutiremos cómo puede continuar practicando y mejorando sus habilidades de comunicación clara y respetuosa. Quédese con nosotros para consolidar su aprendizaje y prepararse para el éxito futuro. ¡Vamos!

CONCLUSIÓN Y EL CAMINO A SEGUIR

¡Felicitaciones por llegar hasta aquí! A lo largo de este libro, exploramos una amplia gama de técnicas y estrategias para mejorar la comunicación, con especial atención en cómo expresar lo obvio de forma clara y respetuosa sin ser grosero. En este capítulo final, resumiremos los puntos clave y discutiremos cómo puede continuar mejorando sus habilidades de comunicación en su vida diaria.

REVISIÓN DE PUNTOS CLAVE

- **Comunicación efectiva:** Aprendimos la importancia de ser claros y directos, a la vez que empáticos y respetuosos con nuestros interlocutores.

- **Escucha activa y empatía:** Destacamos cómo la escucha activa y la empatía son cruciales para comprender verdaderamente y responder adecuadamente a las necesidades de los demás.

- **Asertividad versus agresividad:** Exploramos la diferencia entre ser asertivo y ser agresivo, enfatizando la importancia de expresar nuestras propias necesidades y opiniones de manera positiva.

- **Comentarios constructivos:** Hemos visto cómo ofrecer y recibir comentarios de forma constructiva puede ser una poderosa herramienta para el crecimiento personal y profesional.

- **Adaptación cultural:** Discutimos cómo superar las barreras culturales para mejorar la comunicación en contextos diversos.

DESARROLLO CONTINUO

El camino para convertirse en un comunicador eficaz es continuo y requiere práctica constante. A continuación se ofrecen algunos consejos para mantener su crecimiento:

- **Práctica habitual:** Aplicar las técnicas aprendidas de forma habitual, tanto en contextos personales como profesionales. Cuanto más practiques, más natural te resultará.

- **Buscar comentarios:** siga pidiendo comentarios sobre sus habilidades de comunicación. Úselo para ajustar y mejorar su comportamiento.

- **Educación continua:** asista a talleres, cursos y lecturas adicionales para profundizar sus conocimientos y habilidades comunicativas.

- **Reflexión personal:** tómate un tiempo regularmente para reflexionar sobre tus interacciones. Pregúntate qué funcionó, qué no y qué puedes hacer diferente la próxima vez.

- **Mentoría:** considere buscar un mentor o un asesor en comunicaciones que pueda guiarlo a través de su desarrollo personal y profesional.

Cada paso que das para mejorar tu comunicación abre nuevas puertas al éxito y la satisfacción en todas las áreas de tu vida. Los aliento a seguir comprometidos a utilizar la comunicación no sólo para expresar ideas, sino también para construir puentes de comprensión y respeto mutuos. Continúa el camino de aprendizaje, manteniendo siempre la mente abierta, el corazón dispuesto a comprender y el deseo de mejorar.

Gracias por tomarse el tiempo para aprender y crecer con este libro. Espero que las habilidades adquiridas aquí lo acompañen en todos sus viajes de comunicación, haciendo de cada conversación una oportunidad para desarrollar conexiones más profundas y significativas. Buena suerte y continúa comunicándote con claridad, coraje y cuidado. ¡Vamonos!

Al pasar juntos la página final de este viaje, espero sinceramente que los aprendizajes compartidos aquí hayan tocado su corazón y hayan generado nuevas perspectivas. Si este libro le ha aportado algún valor, le pido que se tome unos minutos para dejar una reseña en Amazon. Tus palabras no sólo me ayudan a crecer y perfeccionar mi oficio, sino que también guían a otros lectores en su búsqueda de conocimiento e inspiración. Tu opinión es un regalo valioso, tanto para mí como para la comunidad de lectores que buscan historias que transformen. Sinceramente les agradezco por compartir este viaje conmigo y espero que podamos volver a encontrarnos en las páginas de una nueva aventura.

REGINALDO OSNILDO

Hola, soy Reginaldo Osnildo, autor e innovador en las áreas de ventas, tecnología y estrategias de comunicación. Mi experiencia abarca desde el ámbito académico, como profesor e investigador de la Universidad del Sur de Santa Catarina, hasta ejercer como estratega en el Grupo Catarinense de Rádios. Con un doctorado en narrativas de ventas y convergencia digital, y una maestría en narración e imaginario social, ofrezco a mis lectores una fusión única de teoría y práctica. Mi objetivo es aportar conocimientos en un lenguaje sencillo, práctico y didáctico, fomentando su aplicación directa en la vida personal y profesional.

Tuyo sinceramente

Reginaldo Osnildo

+55 48 991913865

reginaldoosnildo@gmail.com

www.ingramcontent.com/pod-product-compliance
Lightning Source LLC
Chambersburg PA
CBHW050232230526
45470CB00005B/1906